HORAS DE SOL

EL CABALLO VOLADOR

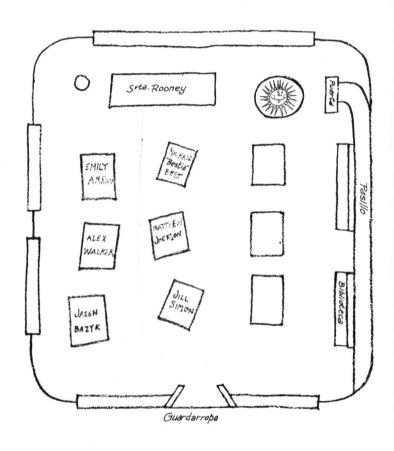

Srta. Rooney

NICHOLAS "Bestia" BEST

EMILY ARRUN

ALEX WALKER

MATTHEW JACKSON

JASON BAZYK

JILL SIMON

Puerta

Pasillo

Biblioteca

Guardarropa

EL CABALLO VOLADOR

HORAS DE SOL

por
Patricia Reilly Giff

Ilustraciones de Blanche Sims

ANOTHER LANGUAGE PRESS

Título original:
SUNNY-SIDE UP
Traducción de Consuelo González de Ortega

Edición especial para:
Another Language Press
Cincinnati, Ohio
© 1998

ISBN 0-922852-52-9

Impreso en España - Printed in Spain

Impreso en Industrias Gráficas Castuera, S.A.
Poligono Industrial de Torres de Elorz (Pamplona) - Navarra

A Francis McHugh,
que se trasladó a
otra población.
                    La Autora

Capítulo 1

«Bestia» miró por la ventana.

Iba a ser un día caluroso.

El chico buscó debajo de la mesa de la cocina.

—Richard Best —dijo su hermana Holly—. ¿Otra vez has pegado el chicle ahí debajo?

«Bestia» no contestó.

Palpó el chicle de la noche anterior. Parecía un tronquito gordo y liso. Tiró de él para arrancarlo.

—¡Mamá! —chilló Holly—. ¿Sabes qué hizo Richard otra vez?

Richard echó su silla hacia atrás. Se metió el chicle en la boca.

¡Qué sabor tan bárbaro! Fresco y duro.

Richard dejó en el chicle muchas marcas de dientes.

Mantuvo la boca abierta de par en par.

Para que lo viera Holly.

—Mamá —chilló otra vez la chica.

Richard abrió la puerta de un empujón y salió corriendo por el césped.

Su madre asomó la cabeza por la ventana del piso de arriba.

—Richard —llamó.

El chico se detuvo.

—¿Adónde vas? —le preguntó.

—A buscar a Matthew.

Richard agachó la cabeza.

Tenía un enorme agujero en los tejanos.

Por el agujero se veía un rasguño reseco en su rodilla.

Richard se rascó en él.

Su madre dijo algo más.

Quizás estuviera diciendo: «Vuelve y hazte la cama».

Esperaba que no.

—¿Qué? —preguntó a gritos.

La madre volvió a decir algo.

—Hasta luego, mamá —vociferó él.

Y se marchó corriendo calle abajo.

Matthew le esperaba en la esquina.

Él no llevaba tejanos. Llevaba unos pantalones cortos azules.

—¿Cómo llevas esos pantalones? —le preguntó «Bestia».

Las piernas de Matthew resultaban muy graciosas, pensó.

Tenía las rodillas huesudas. Y sucias.

—Mi madre me ha hecho ponérmelos —explicó Matthew—. Como es verano...

—¿Tienes piscina? —quiso saber «Bestia».

—No —contestó Matthew—. ¿Y tú?

Richard negó con la cabeza. Le habría gustado tener piscina. Una piscina grande y azul como la de Emily Arrow.

—Vayamos a ver a Emily —propuso.

—Buena idea —aprobó Matthew.

«Bestia» echó a correr delante de Matthew.

Se detuvo en Linden Avenue.

En realidad, no le permitían cruzar solo aquella avenida, si no era día de colegio.

Pero ahora ya no pertenecía a la clase de la señorita Rooney. Le correspondía ir a la clase de la señorita Gluck.

Richard ya no era un pequeñajo.

Miró a ambos sentidos de la calle.

Emily vivía en lo alto de la calle.

Matthew y él entraron por el patio de atrás.

La piscina de Emily estaba en alto. Ocupaba la mayor parte del patio.

Los chicos subieron las escaleras para contemplar el agua.

—Es una lástima que no esté llena hasta

arriba —comentó Matthew—. Si fuera mía... yo...

«Bestia» salpicó un poco de agua a Matthew.

—Yo la llenaría hasta los bordes —concluyó Matthew.

—Y yo me zambulliría así —declaró «Bestia».

—¿Sabes nadar? —preguntó Matthew.

—Bueno... Por debajo del agua —repuso «Bestia».

Matthew salpicó un poquito más de agua sobre su amigo.

—Pues yo puedo quedarme flotando toda la vida —dijo.

«Bestia» miró en dirección a la casa.

—Parece que todos estén dormidos —dijo.

—Creo que esta piscina tiene un escape —opinó Matthew—. Por eso no está llena.

Richard movió la cabeza, asintiendo, aunque objetó:

—A lo mejor es por Stacey. La hermana pequeña de Emily.

—No —replicó Matthew—. Si uno tiene una piscina, la llena hasta arriba.

Mientras hablaba, bajó los peldaños de un salto.

—¿Adónde vas? —le preguntó «Bestia».

—A buscar la manguera. A arreglar esto un poco —contestó Matthew muy decidido.

«Bestia» se sentó en un peldaño.

Oía gritar a alguien.

Parecía que fuera Holly...

Era como si le estuviera llamando a él.

Que se fastidiase.

Richard no pensaba dejar que ella le diera la lata todo el verano.

Observó cómo Matthew colocaba el extremo de la manguera sobre el borde de la piscina.

—Abre el grifo a tope —indicó Matthew—. Espero que Emily se despierte pronto. Podemos ir a buscar los bañadores. Y ¡zas! zambullirnos.

—Qué estupendo verano vamos a pasar —se emocionó «Bestia»—. El mejor del mundo.

Matthew movió de un lado a otro la cabeza.

—Va a ser un verano horrible —pronosticó.

Se abrió la puerta trasera de la casa.

Los chicos levantaron la cabeza.

Era la señora Arrow.

—¿Qué estáis haciendo? —preguntó.

—Llenando un poquito más la piscina —dijo Matthew—. Aunque creo que tiene algún agujero.

—Yo no lo creo —protestó la señora—. Cerrad el agua.

—¿Todavía no se ha levantado Emily? —preguntó «Bestia».

—Sí —contestó la señora Arrow—. Pero no está en casa.

—¿Se ha ido a la playa? —preguntó «Bestia».

Qué suerte tenía Emily —pensó Richard—. Doble suerte.

Una piscina y la playa.

—Ha ido a las clases de verano —dijo la señora Arrow—. Empiezan hoy.

Richard miró a Matthew.

—Se me había olvidado —confesó.

—A mí también —respondió Matthew—. Pero yo no puedo ir con estos pantalones.

—Ya me lo supongo —dijo «Bestia».

En aquel momento oyó a Holly que lo llamaba otra vez.

Había bajado hasta cerca de Linden Avenue.

—Vámonos —apremió «Bestia».

—Eres un inútil, Richard —gritó Holly.

«Bestia» pasó por delante de ella a todo correr.

—Hasta luego —le dijo a Matthew.

—Tienes que ir al colegio —dijo Holly.

—Ya lo sé, zopenca —replicó «Bestia»—. ¿Adónde te crees que voy?

Corrió calle abajo. Y dobló la esquina.

No había nadie en el patio del colegio.

Seguro que llegaba muy tarde.

Atravesó el patio corriendo y abrió la puerta.

Capítulo 2

Richard cruzó el vestíbulo como una exhalación.

—¿Qué pantalones son ésos para venir al colegio? —preguntó una voz.

El chico levantó la cabeza.

Era la señora Kettle, la profesora más «hueso» de todo el colegio.

—Sólo porque estamos en verano ya os imagináis... —añadió la maestra; y sacudió la cabeza muy enfadada.

«Bestia» bajó la vista hacia sus tejanos.

Del agujero de los pantalones colgaban largos hilachos.

—Es que no sabía... —empezó—. Se me había olvidado que...

—Bueno, no importa —atajó ella—. Llegas tarde.

De nuevo «Bestia» echó a correr.

Abrió la puerta del aula de la señorita Rooney.

Un par de chicos estaban delante del encerado.

Otro chico grueso ocupaba el pupitre de «Bestia». Tenía el dedo gordo metido dentro de la boca.

¡Pequeño idiota!

«Bestia» no conocía a ninguno de aquellos niños.

Retrocedió.

Se preguntó adónde tendría que ir él.

Quizás a la clase de la señorita Gluck.

Se detuvo para pensar.

No. Eso sería en septiembre.

Miró a su alrededor. Incluso la señora Kettle se había ido.

Todo el vestíbulo estaba vacío.

Richard se acercó a tomar dos sorbos de agua. Se entretuvo pasando el agua de un lado a otro de su boca.

Se moría de ganas de tomarse un polo de naranja.

Se moría de ganas de meterse en la piscina de Emily Arrow.

Estaba harto de ir al colegio toda la vida.

Se moría de calor.

Puso la cabeza bajo el grifo.

Dejó caer un chorrito de agua sobre el cabello. Y empezó a correr pasillo adelante.

Daba saltos para mirar por las ventanas de las aulas. La 110, la 109, la 106, la 102.

Nadie.

Subió las escaleras corriendo.

La señora Paris, su antigua profesora de lectura, estaba arriba.

—¡Hola, «Bestia»! —le saludó—. No pareces muy contento.

—Aborrezco el colegio —confesó él.

La señora Paris sonrió. Las arruguitas que rodeaban sus ojos se hicieron todavía más profundas.

—No tengo ganas de venir —añadió «Bestia».

—Mira, Richard —dijo la profesora—. Algunas cosas no son del todo bonitas. Como pasa con las clases de verano.

Richard movió la cabeza comprensivo.

—Pero siempre recordarás los momentos buenos de todas las cosas.

Richard arrugó la frente.

—Espera y lo verás —continuó la señora Paris—. Te acordarás de los niños. De las cosas que has hecho.

La profesora echó a andar y según se alejaba dijo:

—Me marcho de vacaciones. Me voy a la montaña.

Richard siguió caminando pasillo adelante.

El aula 222 estaba abierta.

Richard miró hacia dentro. Y vio a Emily Arrow en el primer pupitre.

Alex Walker estaba detrás de ella.

Vio también a Jill Simon.

«Bestia» quedó un momento inmóvil.

Podía ver la espalda de la maestra.

Estaba escribiendo en la pizarra.

«Bestia» se preguntó quién sería.

Tenía el cabello rojizo y largo.

Quizás era nueva. Y guapa.

La profesora se dio la vuelta.

¡Uff!

Tenía las mejillas gordas como Jill Simon.

—Entra —dijo al ver a Richard—. Soy la señora Welch.

«Bestia» se deslizó en un asiento junto a Emily.

Miró a su alrededor.

No eran más que seis niños con él.

Saludó con la cabeza a Jason Bazyk.

—Vamos, vamos —dijo la señora Welch—. Estamos aquí para aprender lectura.

La profesora sacudió la melena hacia atrás.

—Y también haremos un poco de escritura.

Richard suspiró.

El sol caía de lleno sobre su pupitre.

Levantó la mano.

La señora Welch le miró.

—¿Puedo bajar las persianas? —preguntó.

—Date prisa —pidió ella.

Richard fue al otro extremo del aula.

Tiró de la cuerda de la persiana.

La persiana subió hasta el final.

Todas las tablillas se estremecieron.

La maestra movió la cabeza malhumorada.

Se acercó y bajó la persiana a «Bestia».

—Bueno, bueno —dijo ella—. Ahora la señora Welch os hablará sobre las clases del verano.

Richard volvió a su asiento.

Introdujo la mano en el pupitre.

No había nada dentro.

Ni papel ni nada.

Richard deseaba tener papel donde dibujar.

En ese momento entró Matthew en la clase.

Llevaba pantalones tejanos.

Pero «Bestia» vio los pantalones cortos de Matthew.

Sobresalían un poco por la parte de arriba de los tejanos.

Matthew se sentó detrás de él.

—También haremos trabajos artísticos y manuales —siguió diciendo la señora Welch—. Haremos cosas. Cosas magníficas.

La maestra miró a su alrededor. Y sonrió.

—Haremos juegos de números.

Emily levantó la mano.

—El curso pasado hacíamos juegos de números —dijo—. En la clase de la señorita Rooney.

La maestra arrugó la nariz.

—Bueno, bueno. Haremos algunas cosas más.

Se volvió al encerado y dijo:

—Lo que vamos a hacer ahora es hablar de «las dos vocales».

—Ya sé lo que es —afirmó Emily Arrow.

—Tú sabes un poco más de la cuenta —declaró la maestra.

«Bestia» intentó recordar aquello de «las dos vocales».

Miró hacia la persiana.

Estaba bajada hasta el final, y caía sobre el alféizar.

No dejaba entrar ni un soplo de aire.

Casi no se podía respirar.

La maestra bajó por el pasillo.

—Tú y... y tú —se dirigió a «Bestia» y a Matthew—. Venid aquí delante.

«Bestia» siguió a Matthew hasta la mesa de la profesora.

—Supongamos que... —empezó la profesora.

Empujó un poco a «Bestia» para situarlo más cerca de Matthew.

—Aquí no puedo respirar —se lamentó Jill.

Parecía a punto de echarse a llorar.

—Vamos a suponer que vosotros sois dos vocales —concluyó la señora Welch.

«Bestia» miró fijamente al suelo.

Pudo ver cómo Emily se reía.

Matthew tenía la cara completamente roja.

La profesora escribió en la pizarra «Fiera».

—Tú puedes ser la I —dijo a «Bestia».

—Y tú la E —indicó a Matthew.

Alex se reía también.

—Cuando una vocal débil, como la I, va unida a otra vocal fuerte, como la E, si la débil no lleva acento, se pronuncia de una sola vez: Fie-ra, y no Fi-e-ra.

Levantó una mano y dijo:

—Repetid.

«Bestia» y Matthew silabearon la palabra.

—Dejad de reír —ordenó la maestra a Emily y a Alex—. Ahora repite tú —indicó a «Bestia».

El chico levantó la vista al techo y silabeó la palabra.

—¿Veis qué fácil? —dijo la maestra—. Ahora lo haremos todos juntos.

«Bestia» volvió a su sitio, mientras todos los chicos la recitaban.

Alex le señalaba con el dedo, diciendo:

—Eres una vocaaal. Eres una vocaaal.

«Bestia» se dejó caer en su asiento. Después se inclinó hacia Matthew y dijo:

—Va a ser un verano horrible.

—Ya lo sé —asintió Matthew—. Pero sé otra cosa todavía peor.

—¿Qué? —preguntó «Bestia».

Matthew levantó la vista al techo.

—Ya te lo diré en otra ocasión.

Capítulo 3

Era jueves. El día más caluroso del verano... hasta el momento.

«Bestia» se secó las manos en la camisa.

Todas las cosas estaban pegajosas.

La señora Welch bajó las persianas.

—Se podría freír un huevo en la acera —dijo la profesora.

—¿De verdad? —preguntó Emily.

—¡Aggg! —exclamó Jill Simon.

Matthew y «Bestia» se miraron.

—Me gustaría probarlo —murmuró Matthew.

—Eso. Pásame la sal —contestó «Bestia».

—Y la pimienta —añadió Matthew.

La señora Welch sonrió.

—Vosotros dos siempre estáis bromeando.

—Es verdad —dijo «Bestia».

—Bien —dijo la maestra—. Ahora a leer y después, trabajos artísticos y manuales.

Y repartió unos libros de lectura.

Libros viejos. Rotos.

A Richard le hubiera gustado que la señora Paris no estuviera en las montañas.

Ella nunca les había dado libros tan viejos como aquéllos.

Richard miró la letra impresa.

Se puso bizco.

Todo estaba borroso.

Cada alumno leía una frase.

Empezó a contar las frases de la página.

Él tendría que leer la quinta frase.

Repitió las palabras para sí.

Cuando la señora Welch le miró, Richard leyó en voz alta.

Perfecto.

Claro. Si él no tenía por qué ir a clases de verano.

Era una estúpida pérdida de tiempo.

Siguieron leyendo durante bastante rato.

Por fin la señora Welch les dijo que recogieran los libros.

Entonces distribuyó unos trocitos de tela. Cada trozo tenía unos agujeros en los bordes.

A «Bestia» le correspondió una tela a rayas. Rayas marrones y grises.

Lo mismo que la de Matthew.

La tela de Emily era de flores amarillas.

La de Jill era lisa y descolorida.

Jill parecía a punto de echarse a llorar.

—¿Quieres la mía a rayas? —le ofreció «Bestia».

La niña asintió. Y dio a «Bestia» su tela lisa y descolorida.

Luego la señora Welch les repartió unas cintas largas.

Eran muy tiesas. Como de cuero.

—Vamos a hacer monederos —informó la señora Welch.

—¿Para qué? —preguntó «Bestia».

—Para que guardéis en ellos vuestro dinero —explicó la maestra.

«Bestia» palpó su bolsillo.

Tenía catorce centavos.

—Pues yo no tengo nada —dijo Matthew.

—A lo mejor os regalan algo el día de vuestro cumpleaños —sugirió la señora Welch.

Entonces les enseñó cómo debían doblar la tela.

Y cómo había que pasar la cinta por los agujeros.

—Metéis la cinta por una cara y la sacáis por la otra —explicó.

Y mantuvo su monedero en alto para que lo vieran.

—¡Qué bonito! —exclamó Emily.

Richard dobló la tela.

Empezó a pasar la cinta por los agujeros.

Entonces miró a Matthew.

El monedero de Matthew ya estaba hecho un asco.

Tenía una mancha grande, posiblemente de jalea.

—Se acabó el tiempo —dijo la señora Welch—. Mañana continuaremos.

«Bestia» se quedó mirando su monedero.

Apenas lo había empezado.

Siempre tenían mucho más tiempo para lectura que para trabajos artísticos y para trabajos manuales.

—En fila —dijo la señora Welch.

«Bestia» dio un ligero codazo a Emily Arrow.

—Oye, ¿podemos ir Matthew y yo hoy a tu piscina?

Emily se guardó la tela en el bolsillo.

—Pues claro que sí —contestó.

—Llegaré en tres minutos —afirmó «Bestia».

—Yo también —dijo Matthew.

—Mejor en un minuto —añadió «Bestia».

—Mejor después de comer —concluyó Emily—. Tengo que arreglar mi habitación.

Emily cruzó corriendo el patio del colegio.

—Podemos sentarnos aquí un momento —propuso Matthew a «Bestia».

Los dos chicos se deslizaron de espaldas sobre la cerca del patio, hasta quedar sentados.

—Voy a decirte la cosa terrible —anunció Matthew.

«Bestia» fijó la vista en la cerca.

Él no quería enterarse de la cosa terrible.

Apostaría a que Matthew tenía que repetir curso...

—¿Tú crees que es verdad eso de que se puede freír un huevo en la acera? —preguntó.

Matthew negó con la cabeza.

—No lo sé —dijo.

—¿Tienes algún lío con la policía? —indagó Richard.

—Qué va —repuso Matthew.

Durante un minuto ambos estuvieron observando a un chico que jugaba a la pelota.

—Es que dentro de una semana... —empezó Matthew.

—Si es porque lees tan mal... —empezó Richard al mismo tiempo.

Se pusieron de pie.

—No leo tan mal como leía —se defendió Matthew.

—Habla con la señorita Rooney —aconsejó «Bestia»—. Dile que vas a estudiar mucho. Dile que yo te ayudaré.

—Tú también lees muy mal —le recordó Matthew.

Echaron a andar y recorrieron el patio hasta cruzar la verja.

Matthew se agachó. Cogió un par de hojas unidas por el peciolo, que habían caído de un árbol.

Y se las puso sobre la nariz.

Tuvo que mantener la cabeza echada hacia atrás para impedir que se le cayeran.

—Me voy —dijo a «Bestia»—. Me traslado.

Richard tragó saliva.

—¿Para siempre? —murmuró.

—Nunca volverás a verme —aseguró Matthew—. Nunca me verás por aquí. Como no vengas a verme a Ohio...

También Richard cogió unas hojas gemelas.

Las separó en dos partes.

—Bueno. No es tan malo —dijo.

Pero sabía que sí era malo.

Era terrible.

—Tus padres podían haberte dejado aquí —añadió.

—Ya —contestó Matthew—. Pero todavía estoy aquí...

—Bueno. Éste no es un sitio tan importante —razonó Richard—. Seguro que Ohio es mucho mejor.

Al hablar, no miró a Matthew.

Probablemente Ohio era un sitio terrible.

—Ni siquiera podré acabar las clases de verano —añadió Matthew.

«Bestia» tiró las hojas rotas.

—Ahora me voy a casa —dijo Matthew.

«Bestia» lo miró cómo corría calle abajo.

Luego él también se dirigió a su casa.

Capítulo 4

Richard engulló la comida muy de prisa. Tan de prisa como pudo.

A continuación se dirigió a la puerta.

—Oye, Richard —dijo Holly—. Mamá ha dicho que tienes que ir a la tienda.

—Ya iré —contestó «Bestia»—. Cuando vuelva de casa de Emily. Dame el dinero.

Holly le dio un dólar.

—No lo pierdas. Traes un paquete de macarrones y queso.

—Odio esa comida.

«Bestia» levantó un pie. Y se guardó el dinero en el calcetín.

—¿Y a mí qué me importa? —le contestó Holly. Miró por la ventana y añadió—: Matthew Jackson está ahí fuera.

«Bestia» cruzó la puerta rápidamente.

—Adiós, Holly Bobi, la gran tonti gordi —gritó.

—¡Hola, «Bestia»! —saludó Matthew—. Estás raro en bañador.

«Bestia» bajó la vista hasta el bañador.

—¿Por qué?

—Tienes las rodillas raras.

«Bestia» se miró las rodillas.

El rasguño tenía un aspecto horrendo.

La mitad de la costra se estaba desprendiendo.

Debajo, la piel era rosada y fina.

—Vámonos —dijo Richard.

Juntos corrieron hacia la casa de Emily.

—Oigo chapotear —dijo «Bestia».

Subieron por el paso de coches de la casa de Emily.

—Tengo un calor... —comentó Matthew—. Voy a tirarme ahora mismo al agua.

Y se descalzó rápidamente.

Emily asomó la cabeza por el borde de la piscina. Con el cabello chorreando pegado a su cabeza.

—Lavaos los pies en esa palangana —dijo.

«Bestia» también se descalzó.

Colocó el dólar debajo de una piedra.

Esperó a que Matthew saliese de la palangana y entonces metió él los pies.

El agua estaba caliente por el sol. En ella flotaban trocitos de hierba. Algunos se le pegaron al tobillo.

Matthew subió por la escalerilla de la piscina. Se tapó la nariz con los dedos índice y pulgar.

—Vamos, «Bestia» —apremió.

«Bestia» dio un ligero empujón a su amigo.

Matthew se lanzó al agua.

Richard se tapó también la nariz.

—Zambullida y viva la vida —gritó.

Y se lanzó al agua.

Sus pies tocaron el fondo.

Abrió los ojos.

Le escocieron un poquito.

Vio las piernas de Matthew. Y el bañador color naranja de Emily.

Todos daban grandes brazadas en el agua.

Richard sacó la cabeza del agua.

—¡Oeo! —gritaba Matthew—. Está fría.

—Congelada —corrigió «Bestia».

—Ya veréis como está muy buena en cuanto os acostumbréis un poquito —dijo Emily.

La niña se tendió en el agua, de espaldas.

—Puedo flotar de espaldas —dijo—. Mirad.

—Yo sólo puedo hacerlo boca abajo —comentó «Bestia».

—Adiós —dijo Matthew—. Voy a nadar por debajo del agua.

«Bestia» se agarró al borde de la piscina. Levantó la cabeza y miró al cielo.

El sol era cálido, maravilloso.

Emily se acercó a él.

—Tienes las pestañas pegadas —dijo Richard a la niña—. Parecen estrellas.

Matthew asomó la cabeza. Respiró profundamente. Y volvió a zambullirse.

La madre de Emily salió de la casa.

—Os he preparado zumo de fruta —les dijo.

Y colocó tres vasos en lo alto de las escaleras.

«Bestia» dejó las piernas flojas para que flotasen.

—Lo mejor de todo es el verano —razonó.

Matthew sacó otra vez la cabeza.

—¡Cuenta! —chilló.

Y otra vez se zambulló.

«Bestia» empezó a contar.

Emily subió las escalerillas diciendo:

—Voy a buscar mi zumo.

—Dieciocho... diecinueve —iba contando «Bestia»—. Veinte... veintiuno.

Matthew sacó la cabeza.

—¿Cuánto? —preguntó.

—Veintidós —dijo «Bestia»—. Casi.

Matthew se agarró también al borde de la piscina.

—Tengo que descansar.

—¿Verdad que el verano es lo mejor? —le preguntó «Bestia».

Matthew dijo que sí con la cabeza.

—Me gusta la piscina de Emily —añadió «Bestia».

—Y el zumo —concluyó Matthew.

«Bestia» se miró los dedos. Empezaban a arrugarse.

Y de pronto pensó en la terrible noticia que le había dado Matthew.

Observó cómo Matthew también estaba pensando en lo mismo.

—No sé si habrá piscinas en Ohio —murmuró Matthew.

—Claro que habrá —contestó en seguida «Bestia»—. Apostaría a que sí.

Pero se preguntó mentalmente si en Ohio habría zumos de fruta.

Matthew sacudió los pies.

—Voy a salir —dijo—. Me tomaré el zumo.
«Bestia» asintió.

—Yo iré dentro de un momento.

Miró otra vez al cielo. Recordó que la señorita Rooney les había dicho que no mirasen nunca al sol.

Así que Richard miró una nube.

Se preguntó si aquella misma nube estaría también en el cielo de Ohio.

Suspiró. Ohio quedaba muy lejos.

Casi tan lejos como la nube.

Decidió salir de la piscina. Empezaba a sentir frío.

Capítulo 5

«Bestia» bostezó.

Odiaba salir de la cama.

—¿Qué día es hoy? —preguntó «Bestia» a voces.

—Sábado —contestó su madre desde lejos.

—¿Es que ni siquiera sabes eso? —vociferó Holly.

En aquel momento «Bestia» se sintió completamente despierto.

Saltó de la cama.

Hacía mucho calor.

Fuera, se oía el zumbido de los insectos.

Seguramente ellos también tenían demasiado calor.

Richard se puso el bañador.

Y bajó a la cocina.

—¿Por qué no vamos hoy a la playa? —preguntó a su madre.

Ella negó con la cabeza.

—Tengo demasiado trabajo. La casa está hecha una lástima.

Richard cogió un racimo de uvas.

—Tómate también el cereal —le dijo su madre.

Él buscó la caja de copos al cacao. Tomó un puñado.

Luego salió.

Hacía un día bueno para ir a la playa.

Un día para nadar.

Tal vez debiera ir a ver a Emily Arrow, pensó.

Luego recordó.

Emily estaba en casa de su tía.

Probablemente su tía tenía también una gran piscina.

Una piscina quizá más grande que la de Emily.

Emily tenía mucha suerte.

Richard vio llegar a Matthew por la calle.

Matthew le sonrió. Llevaba un cucurucho de papel oscuro en la mano.

—Mira lo que tengo —dijo.

Richard tomó el cucurucho.

Dentro había un huevo.

Un huevo moreno.

—Ya he desayunado —dijo Richard a Matthew.

—No —Matthew negó con la cabeza—. Lo he traído para freírlo. Para ver si es verdad.

—¿Como dijo la señora Welch? —preguntó Richard—. ¿Freírlo en la acera?.

—Iba a traer dos —dijo Matthew—. Pero éste era el último.

—¿Te parece bien el patio de la escuela? —preguntó Richard.

—No —replicó Matthew—. Hoy es sábado. Seguramente estará cerrada —Matthew miró a su alrededor—. Tal vez aquí sea un buen sitio. Sobre la acera...

«Bestia» negó con la cabeza.

—Holly saldrá en cualquier momento. A espiar.

—Pues en el solar —propuso Matthew—. Cerca de Linden Avenue.

Richard se inclinó para rascarse la costra de su rodilla. Le picaba mucho.

Luego levantó la cabeza.

—No va a funcionar. Allí no hay acera. Ya verás como no funciona.

En aquel momento salió Holly.

Echó a andar sendero abajo.

—¿Qué es lo que estáis haciendo ahora? —preguntó.

Richard cerró el cucurucho.

—Métete en tus... —empezó a decir.

45

—Me voy a casa de Joanne. No intentéis seguirme —advirtió Holly.

Y empezó a cruzar la calle.

—La muy latosa... —se lamentó Richard.

Esperó a que ella se hubiera ido y entonces dijo:

—Yo sé un buen sitio. El garaje.

Se dirigieron hacia la parte posterior de la casa.

«Bestia» abrió la puerta.

—Aquí nunca viene nadie —dijo—. Es un buen escondite.

Los dos amigos se quedaron en el umbral, mirando al interior.

Delante de todo estaba el viejo patinete de Richard.

Algo más allá, el coche de muñecas de Holly. Estaba inclinado sobre un lado.

Había herramientas.

Una escalera.

Un juego de Candilandia.

Las cartas del juego estaban desparramadas por el suelo.

—¡Vaya! —se asombró Matthew—. Qué montón de cosas tienes aquí.

—Un buen sitio, ¿a que sí? —dijo «Bestia».

Matthew sacudió la cabeza de un lado a otro.

—Pero aquí no podemos freír un huevo.

—Bueno. Ahí delante. En un sitio donde dé el sol. Holly se ha ido y mi madre está arriba.

«Bestia» abrió el cucurucho.

Sacó el huevo y lo mantuvo en alto.

—Fuera de aquí, hormigas —gritó Matthew.

—Ahí va —gritó también Richard.

El huevo se estrelló en el suelo.

«Bestia» y Matthew se agacharon, apoyándose en manos y rodillas.

—¡Ay! —exclamó «Bestia» mirándose la costra de la rodilla—. Se ha caído casi del todo.

—El huevo no se está friendo —observó Matthew.

—No —dijo Richard—. Y la yema está toda reventada.

—Tendría que ser redondita y estar en medio —comentó Matthew.

—No siempre —repuso Richard.

De repente «Bestia» levantó la cabeza y exclamó.

—Eh, Matthew. He pensado una cosa.

Matthew hundió un dedo en la clara del huevo.

—Ni siquiera está caliente —se lamentó.

—Escucha, Matthew —insistió Richard—. No tienes que irte. Acabo de tener una gran idea.

Se rascó una vez más la rodilla.

—Es la mejor idea que he tenido —afirmó.

Capítulo 6

—Hoy es miércoles —dijo la señora Welch—. Día de escritura.

—¿No es también el día del monedero? —preguntó Jill Simon, cruzando los dedos para desearse suerte.

—Ya veremos —respondió la señora Welch.

Richard miró en torno suyo buscando una hoja de papel.

Vio que Matthew buscaba también papel.

—En verano es fácil olvidarse de esas cosas —dijo la maestra—. Ya os daré yo el papel.

Y sacó un montón de cuartillas de su mesa.

—Tú repartirás el papel —dijo a Alex—. Da una hoja a cada uno. Una sola hoja.

Alex dejó caer dos hojas en el pupitre de «Bestia».

El papel era de ese amarillento. Ése que tiene unas rayitas azules.

Richard lo odiaba.

Hacía que su escritura pareciese torcida.

Su goma de borrar siempre lo llenaba de agujeros.

La maestra se situó ante la pizarra. Tomó una tiza.

—La señora Welch va a enseñaros a escribir cartas a los amigos —dijo—. Es muy importante.

«Bestia» se hundió, aburrido, en su asiento.

La única vez que él había escrito había sido el año anterior.

Fue a su tía Anne.

Tuvo que darle las gracias por el regalo de su cumpleaños.

La señora Welch escribió en lo alto de la pizarra, en una esquina: «Colegio de Polk Street».

Escribió «Polk Street» debajo.

Después añadió la fecha: 8 de julio.

—¡Eh! —llamó Emily bajito—. ¿Queréis venir hoy a mi piscina?

«Bestia» frunció el ceño. Y negó con la cabeza.

—¿Por qué no? —cuchicheó Emily.

—A la señora Welch no le gusta la gente charlatana —dijo la señora Welch.

Emily siguió mirando a «Bestia».

Él hizo como si no viera a Emily.

Hasta que Emily, ofendida, levantó la cabeza como si olfatease el aire.

Richard sabía que aquello indicaba que estaba enfadada con él.

«Bestia» suspiró. Tendría que explicárselo más tarde.

En el otro lado de la pizarra, la señora Welch escribió: «Querido Scott».

«Bestia» se inclinó sobre el pupitre.

—Es una cosa de un huevo —cuchicheó a Emily.

La señora Welch se volvió en redondo.

«Bestia» fingió que se estaba rascando la rodilla.

La maestra castañeteó los dientes. Luego se volvió de cara a la pizarra.

—El huevo está reventado delante de mi garaje —dijo—. Tengo que limpiarlo. Tengo que estar en mi jardín todo el día.

Richard cogió el lápiz.

Se moría de ganas de pintar algo.

Usaría su trozo de papel.

Escribiría bien la primera vez la carta de un amigo.

Empezó a dibujar una gran piscina azul.

Y se dibujó a sí mismo, chapuzándose en el agua.

—«¡Plaf!» —escribió debajo.

—Ahora —dijo la señora Welch—, el resto es fácil.

La maestra empezó a escribir líneas ondulantes debajo de «Querido Scott».

—La señora Welch quiere que escribáis cada uno vuestra propia carta —dijo—. Hablad del verano.

Richard cogió una de las hojas de papel que Alex dejó sobre su mesa.

En aquel momento Matthew le dio unas palmadas en la espalda.

Richard miró por encima del hombro.

—Voy a ir hoy —dijo Matthew—. Llevaré algunas cosas.

Richard asintió.

—Estupendo, Matthew —dijo.

Puede que Matthew quisiera ayudarle a limpiar aquella porquería del huevo.

Richard tomó otra vez el lápiz.

Dibujó a Holly intentando nadar.

Parecía que se fuese a ahogar en cualquier momento.

—Glub, glub —dijo.

—Sigamos trabajando —pidió la señora Welch.

Richard cogió la otra hoja de papel.

«Colegio de Polk Street» —escribió en lo alto.

«QUERIDO SCOTT».

Matthew volvió a palmearle la espalda.

—Llevaré una lata de guisantes —dijo.

—Me dan asco los guisantes —dijo Richard.

—A mí también —admitió Matthew—. Pero es lo único que he podido conseguir.

Richard cogió otra vez el lápiz.

Entonces empezó a escribir:

«Espero que estés pasando un **vuen** verano.

Yo estoy pasando un **vuen** verano.

Mi amigo iba a tener que irse muy **legos**. Pero yo tengo un plan.

Tu amigo,
Richard Best»

Capítulo 7

Richard rascó como mejor pudo el huevo espachurrado.

Detrás de él, Matthew hacía sonidos con la garganta que demostraban asco.

«Bestia» sintió también ganas de hacer los mismos sonidos.

—Esta porquería está bien pegada —se lamentó.

—¿Quieres que te ayude? —le preguntó Matthew.

«Bestia» negó con la cabeza.

—Ya puedo, ya... —dijo.

Matthew abrió las puertas del garaje.

—Huele a frío —dijo—. Como mi sótano.

«Bestia» arrojó el revoltillo de huevo detrás de un arbusto.

Luego entró también en el garaje.

—Será un sitio estupendo para ti, Matthew —dijo.

Matthew asintió con la cabeza. Había levantado una vieja estera azul.

Estaba llena de polvo.

La sacudió un poco.

—La usaré —dijo—. Para la sala.

«Bestia» apartó de un puntapié un trozo de tubería de hierro que estaba atravesado en el suelo.

—Éste será el dormitorio —dijo—. En la parte de detrás.

De pronto vio una araña. Estaba fabricando una gran tela en el dormitorio de Matthew.

«Bestia» le dio un manotazo.

No quería que Matthew la viese.

Puede que Matthew tuviese miedo de las arañas.

Se sentó en el viejo cochecito de muñecas de Holly.

—Esto es la cocina —decidió Matthew, señalando un espacio con el pie—. Dejaré los guisantes aquí arriba. Guárdalos para el invierno.

Entonces arrugó la frente.

—Aquí hará frío.

Richard intentó encontrar algo que decir.

—No demasiado —murmuró al cabo de un rato.

—Necesitaré una manta —calculó Matthew—. Quizá tú puedas...

«Bestia» pensó en su manta roja.

Era esponjosa.

Calentita.

Le gustaba mucho.

No contestó.

—Tenemos que hablar a Emily de este sitio —dijo Matthew—. Hay que decirle que me escaparé y viviré aquí.

«Bestia» asintió.

—A Emily le gustará.

—Posiblemente ella también pueda traerme comida —dijo Matthew.

—No te preocupes. Yo te guardaré comida —le tranquilizó «Bestia»—. La comida de la escuela.

Matthew puso cara de preocupación.

—Espero que sea bastante. Yo como mucho.

En aquel momento «Bestia» oyó a Holly.

Estaba hablando con su amiga Joanne.

Richard saltó desde el coche de muñecas.

Y se precipitó a las puertas del garaje.

Las cerró en el momento justo.

Holly subía ya por el caminillo.

—¡Chist! —dijo Richard a Matthew.

Se acercaron de puntillas a la ventana.

El cristal estaba cubierto de polvo.

Casi no se veía a través de él.

«Bestia» lo frotó para limpiarlo.

Holly y Joanne estaban sentadas en el césped.

—Me gustaría tener una piscina —estaba diciendo Holly.

—Holly quiere tenerlo todo —bisbiseó «Bestia»—. Hasta mi madre lo dice.

Matthew golpeó ligeramente el cristal.

—No hagas eso —pidió «Bestia».

—Se creerán que es un fantasma o algo así —razonó Matthew.

Y volvió a golpear.

Holly se puso de pie de un salto.

«Bestia» y Matthew se echaron a reír.

Y se apartaron rápidamente de la ventana.

—Holly se asusta de todo —dijo «Bestia» en tono burlón.

—¿Eres tú quién está ahí? —preguntó a gritos Holly—. ¿Eres tú, Richard?

Se volvió a Joanne y añadió:

—Es ese idiota y su amigo.

—Vámonos —propuso Joanne—. Nos iremos a mi casa.

—Está bien —asintió Holly.

—¡Uuuuuu! —hizo Matthew.

Richard estalló en risas otra vez.

Tropezó y se cayó sobre el coche de muñecas.

Al instante dejó de reír y levantó la pierna. Le sangraba la rodilla.

—Mañana tendré otra costra.

Richard tragó saliva y parpadeó.

—Estás llorando —le dijo Matthew.

—No lloro —protestó «Bestia».

—Es bueno llorar —le aseguró Matthew—. Mi padre lo dice.

—Yo no estoy llorando —insistió «Bestia».

—Hasta mi padre lloró una vez —dijo Matthew—. Yo le vi.

«Bestia» levantó la vista.

—¿De verdad? ¿Cuándo?

—Cuando se murió mi abuelo.

Richard cabeceó comprensivo. Y se puso de pie.

Le escocía la rodilla.

—Ya se pasa —dijo—. Sólo duele un poco.

Se acercó a la cocina de Matthew.

—Voy a traerte tenedor y todo eso.

Matthew sonrió.

—Eres mi mejor amigo —dijo—. Me has salvado de ir a Ohio.

«Bestia» le devolvió la sonrisa.

—Tú también eres mi mejor amigo.

Reflexionó un momento y añadió:

—Escucha, Matthew, te puedes quedar con mi manta roja.

Matthew estiró el cuello muy contento.

—¡Viva! —gritó.

Oyeron a Holly y a Joanne bajando por el sendero.

—Si mi madre descubre que Richard está en el garaje... —decía Holly.

—Tendrías que decírselo —opinó Joanne.

«Bestia» miró a Matthew.

Los dos permanecieron en silencio durante unos instantes.

—Espero que no se lo diga —murmuró al fin «Bestia»—. Espero que Holly no lo estropee todo.

Capítulo 8

«Bestia» metió la cinta a través de la tela oscura.

Su monedero estaba quedando muy «chuli».

Hasta la señora Welch lo había reconocido.

La maestra paseaba el pasillo de arriba abajo.

—Dos minutos más —dijo—. Luego haremos de nuevo el juego de las dos vocales.

Alex miró a «Bestia» y se echó a reír.

«Bestia» bajó la vista hacia su monedero.

Sabía lo que estaba pensando Alex.

Matthew le dio un golpecito en el hombro.

—Espero que no nos hará salir a nosotros —dijo.

—Yo también —dijo «Bestia».

La señora Welch se fue al principio del aula. Escribió tres palabras en la pizarra.

1. **raíl**.
2. **miel**.
3. **rieg**a.

—Escribid tres frases. Cada una debe contener una de estas palabras —dijo la señora

Welch—. El que acabe primero tendrá un premio.

«Bestia» tomó un papel.

Miró la pizarra.

Raíl.

—Ra-íl —dijo Richard para sí.

Muy fácil.

«EL TREN VA POR EL RAÍL».

Volvió a mirar la pizarra.

Miel.

Richard supo en seguida lo que debía poner.

«LAS ABEJAS HACEN MIEL».

La tercera era la más difícil.

Miró otra vez la palabra.

Rie-ga.

No se le ocurría nada.

—¡Ah, claro! El jardín.

Rápidamente escribió «UN NIÑO RIEGA EL JARDÍN».

En seguida corrió junto a la profesora.

También Emily salió corriendo de su pupitre.

La señora Welch miró ambos papeles.

—Dos premios —dijo.

Entregó una bolsita a «Bestia».

Luego dio otra a Emily.

En la bolsita de «Bestia», además de la pa-

labra SIMIENTE, había dibujada una zanahoria.

—Dos vocales juntas en la palabra simiente —les hizo observar la señora Welch.

«Bestia» miró la bolsita de Emily.

Emily tenía el dibujo de una remolacha de color púrpura.

—Sembrad esta simiente —aconsejó la señora Welch—. Obtendréis unas magníficas hortalizas.

«Bestia» regresó rápidamente a su asiento.

—Las sembraremos hoy mismo —cuchicheó a Matthew—. Para ti. Para tu comida.

Emily les miró desde el otro lado del pasillo.

—¿Queréis mis remolachas? —preguntó la niña—. Aborrezco las remolachas.

—A mí tampoco me gustan mucho —contestó el chico—. Pero me las llevaré.

—Ya es hora de salir —dijo la señora Welch.

—Iré a veros más tarde —prometió Emily—. Os ayudaré a sembrar.

«Bestia» asintió.

—Además, tenemos también que decirte una cosa.

Él y Matthew se encaminaron a su casa. Fueron directamente al garaje.

—Hay mucho espacio libre aquí detrás

—dijo «Bestia»—. Detrás del garaje. Ni siquiera Holly lo verá.

Sacaron a rastras una pala.

Luego prepararon la manguera.

Matthew empezó a cavar.

— Está duro —dijo—. Hay muchos pedruscos y porquería.

—Tenemos que hacerlo, Matthew. Tú tienes que comer.

—Es verdad —admitió Matthew—. Me gustan las zanahorias. Y las remolachas también.

Por fin consiguieron limpiar un trocito de terreno.

—Ya es suficiente —dijo Matthew secándose el sudor de la frente.

Dejaron caer las semillas en el terreno.

«Bestia» las cubrió con un puñado de tierra.

Luego Matthew las regó con la manguera.

En ese preciso momento subía Emily por el sendero.

—¡Hola, chicos! —dijo.

Emily llevaba entonces un bañador verde. Iba chorreando.

—¿Te estabas bañando? —le preguntó «Bestia».

Él sentía un calor sofocante.

—Sí. Me he dado un chapuzón —contestó Emily.

—Qué suerte —dijo «Bestia».

—Qué pena que no pudierais venir —murmuró Emily.

Juntos se encaminaron al garaje.

—Te voy a decir un secreto —anunció Matthew.

Emily alargó el cuello todo lo que pudo para oír mejor.

—Voy a vivir aquí —dijo Matthew—. Aquí siempre.

Emily miró a su alrededor.

—¿En casa de «Bestia»?

Matthew negó con la cabeza.

—No. En el garaje.

—¿Aquí? —preguntó Emily—. ¿En este garaje tan viejo y tan sucio?

—Lo estamos arreglando —dijo Richard ofendido.

—¿Por qué? —preguntó Emily.

—Tengo que irme de aquí —dijo Matthew—. A Ohio.

—Eso es terrible —Emily parecía que tuviese ganas de llorar—. No volveremos a verte nunca.

—Por eso va a quedarse a vivir aquí —explicó «Bestia».

Emily movió la cabeza con aire de duda.

—¿Sin luz? —preguntó.

—¡Pse! —hizo Matthew.

—¿Y sin televisión?

Matthew tragó saliva.

—¿Sin tu madre? —siguió preguntando Emily—. ¿Sin tu padre? ¿Solo del todo? ¿También por la noche?

Matthew se sentó en la estera. No dijo nada.

—Además, aquí hará frío —dijo Emily.

—No había pensado en eso —confesó Matthew.

—Yo te presto mi manta —dijo Richard—. ¿Te acuerdas? Aquella tan esponjosa de color rojo.

Matthew sacudió la cabeza.

—No. Pensaba en mi madre y en mi padre.

—Y Navidad... —dijo Emily.

«Bestia» frunció el entrecejo y dijo:

—Nos vamos a divertir mucho Matthew y yo. Haremos montones de cosas.

Richard no dejaba de observar a Matthew.

Matthew estaba llorando.

—Tengo que ir a casa en seguida —dijo.

—Te daré mi almohada, también —prometió «Bestia»—. Y uno de mis regalos de Navidad. Uno, no. Más de uno.

Pero Matthew ni le contestó. Se alejó camino abajo.

«Bestia» corrió tras él.

—La mitad —gritó—. La mitad de mis regalos.

Se quedó mirando hasta que Matthew dobló la esquina.

Capítulo 9

Otra vez era jueves.

«Bestia» no tenía que ir aquel día a las clases de verano. Su madre le había permitido quedarse en casa. Aquél era el día del viaje de Matthew.

«Bestia» se sentó en los peldaños delante de la casa de Matthew.

Había un camión grande rojo parado en el camino del jardín.

«Bestia» se puso de pie.

Los peldaños estaban demasiado calientes para apoyarse en ellos.

Estuvo viendo una mariposa que volaba entre los arbustos de Matthew.

Pero, mejor dicho, aquéllos ya no eran los arbustos de Matthew.

Ya pertenecían a un chico que se llamaba Joseph Ohland.

Eso le había dicho Matthew.

En aquel momento Matthew salió de la casa. Sus hermanos y su hermana salieron también.

Matthew iba vestido con pantalones marrones y camisa roja.

Parecía muy acalorado. Y era gracioso verle con aquellos pantalones de día de fiesta.

Llevaba en la mano una camioneta de juguete.

Le faltaba una de las ruedas.

Matthew dejó caer el juguete en las rodillas de «Bestia».

—No puedo llevármelo —explicó—. Mi madre dice que es un trasto.

—Me quedaré con él —dijo «Bestia»—. Te lo guardaré. En tu sala.

—Eso, por si vuelvo —murmuró Matthew.

—Eso.

En aquel momento los padres de Matthew bajaron los escalones.

La señora Jackson también parecía acalorada.

—Es hora de irnos —dijo.

—No volveré a verte nunca —murmuró «Bestia».

—Ya lo sé —asintió Matthew.

—Nada de eso —terció la señora Jackson—. Invitaremos a «Bestia» a que nos visite.

«Bestia» hundió la mano en el bolsillo.

—Ten mi monedero, Matthew —ofreció—. Con catorce centavos.

Matthew movió la cabeza.

—Es el mejor de todos.

—¿Nos acompañas un rato? —preguntó el padre de Matthew. Y abrió la puerta del coche—. Sube y te dejaremos en la puerta de tu casa.

Richard se encajó en el asiento trasero, con Matthew y sus hermanos.

Delante de ellos, el camión de mudanzas se puso en marcha.

«Bestia» dio un codazo a Matthew.

—¡Eh, mira!... —dijo.

Matthew sonrió.

—Camión de Mudanzas y Traslados —leyó.

—Dos vocales juntas en camión —dijo «Bestia».

—Es verdad —asintió Matthew.

Se detuvieron en el semáforo.

«Bestia» vio a Emily que salía de las clases de verano.

Jill Simon iba con ella.

Emily agitó la mano al aire.

—¡Adiós, Matthew! —gritó.

—¡Hasta la vista, Matthew! —gritó también Jill.

—Hasta la vista —respondió Matthew.

Pasaron ante los almacenes A & P de Linden Avenue.

Matthew dio un codazo a Richard.

—Mira el montón de latas de guisantes del escaparate.

«Bestia» tragó saliva.

—Todavía tengo tus guisantes —dijo.

—Guárdalos —aconsejó Matthew—. Cómetelos si quieres.

«Bestia» afirmó con la cabeza.

Se detuvieron ante la puerta principal de la casa de «Bestia».

—¿Puede entrar Matthew conmigo? —preguntó «Bestia»—. Es sólo un minuto.

El señor Jackson consultó el reloj.

—Sólo un minuto —dijo.

Matthew saltó del coche.

Los dos chicos dieron un rodeo a la casa para ir al garaje.

—Quiero enseñarte una cosa —dijo «Bestia».

Matthew miró.

Había un grupito de brotes verdes entre la tierra.

—Zanahorias —adivinó Matthew—. Y remolachas. Me gustan.

—Eso es —dijo «Bestia».

Volvió con Matthew hasta la fachada principal de la casa.

—Oye, Matthew —murmuró «Bestia»—. La señora Paris dijo una cosa.

Matthew se quedó mirándole.

—Dijo que, cuando las cosas no fueran tan buenas, nos acordaríamos entonces de lo mejor.

Matthew abrió la puerta del coche, mientras asentía.

El señor Jackson puso el motor en marcha.

Matthew se deslizó dentro del coche.

«Bestia» tuvo que alzar la voz.

Quería estar seguro de que Matthew le oía.

—Me acordaré de las dos vocales juntas —dijo.

Matthew miró hacia atrás.

—¡Yo me acordaré del huevo en la acera! —gritó.

—¡Y yo de tu cocina! —chilló «Bestia».

—Te escribiré una carta de amigo —vociferó Matthew—. ¡Esta noche!

«Bestia» siguió con la vista el coche que marchaba calle abajo.

—¡Yo también te escribiré! —gritó.

No estaba seguro de que Matthew pudiera oírle ya.

Entonces el coche dobló la esquina.

«Bestia» escuchaba el zumbido del motor.

Matthew ya no podía oírle.

—¡Me acordaré de ti, Matthew! —gritó.

Richard estaba llorando.

Se alegraba de que el padre de Matthew hubiera dicho que era bueno llorar.

Sabía que Matthew estaría llorando también.

Richard retrocedió por el camino del jardín.

Se detuvo a mirar en el garaje.

Nunca se comería los guisantes.

Los dejaría allí para siempre.

FIN